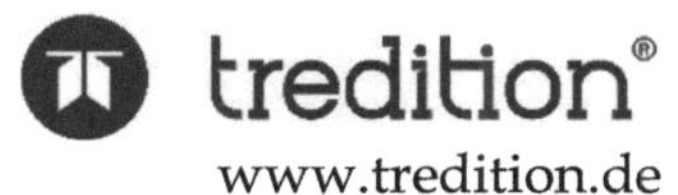

tredition®
www.tredition.de

AF307071

Walter Ulrich

That is Africa

Rita, meine Begegnung mit Ghana

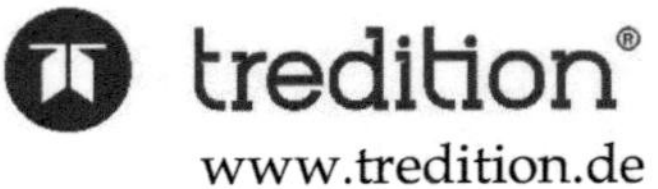

www.tredition.de

© 2016 Walter Ulrich

Verlag: tredition GmbH, Hamburg

ISBN
Paperback: 978-3-7345-4928-1
Hardcover: 978-3-7345-4929-8
e-Book: 978-3-7345-4930-4

Printed in Germany

That is Africa

Rita, meine Liebe in Ghana

Zufall, was ist das? Schicksal oder der Lauf des Lebens? Ich weiss es nicht.

Auf jeden Fall lebte ich alleine nach meiner Scheidung, und sah zufällig in dem kleinen

Mitteilungsblatt meiner Heimatstadt die Homepage einer Partner-vermittlung.

Dort konnte man auch Frauen aus der eigenen Region finden. Man musste ein Profil von sich anlegen, 25 Fragen beantworten, Bilder laden, fertig.

Einfach so aus Langeweile und Neugierde konnte ich der Versuchung nicht widerstehen. Der Erfolg war grandios. Ich konnte mich vor Besucherinnen meines Profils kaum retten. Ich fügte welche zu meinen Favoriten hinzu. Einige wollten sich mit mir treffen, oder schrieben mir eine E-Mail. Aber alle entsprachen nicht so meinen Vorstellungen, ich wollte eigentlich niemanden treffen. Doch plötzlich schrieb mir eine, sie würde gerne meine private

E-Mail Adresse haben, damit sie mir Bilder von sich schicken konnte. Sie war erst 38 Jahre alt, ich 62.

Ich gab ihr meine private E-Mail Adresse bekannt, und prompt kam ihre erste Mail. Sie wäre eine Amerikanerin aus Alabama und befinde sich mit ihrem Vater seit 2 Jahren in Ghana und suche einen Mann, der treu wäre, Respekt zeige und sie gut behandle. Mein Profil würde absolut zu ihr passen. Sie würde gerne mit mir chatten. Ich schrieb ihr darauf, dass ich doch so viel älter sei, als sie, dass hätte doch kein Wert mit uns. Sie argumentierte so gut, dass ich es aufgab. Alter ist also kein Problem. Ihre Werte und Vorstellungen von einer Beziehung übertrafen meine bei Weitem. Sie schickte mir Bilder von ihr, und ich musste zugeben, sie war eine Traumfrau, sie war eine Latino. So fing ich an mit ihr zu chatten. Dies ging jedoch nur einen Tag wirklich perfekt, danach ging angeblich ihre Kamera defekt. Das machte mich dann doch misstrauisch. Ich erinnerte mich, dass vor zwei Wochen mein Onkel Willi, eine Geschichte von einem Schweizer erzählte, der in Ghana seine grosse Liebe fand, und diese dann zu ihm in die Schweiz reisen wollte. Er schickte ihr vorab das Geld für das Flugticket und wartete am Terminal auf Sie. Im Flugzeug war jedoch keine Frau mit ihrem Namen. Er hatte niemals mehr Kontakt mit ihr gefunden, das Geld war weg.

Vorsichtig also chattete ich weiter mit ihr, halt ohne Bild. Täglich waren wir 4-5 Stunden miteinander beschäftigt, manchmal fast die ganze Nacht, und es geschah das, was ich nie für möglich gehalten hätte. Ich verliebte mich in Ihre Ansichten und in ihren Charakter, so wie sie auch in mich, wie sie sagte.

Dann kam der Tag, als sie meinte, sie würde gerne zu mir nach Deutschland kommen. Ich war begeistert. Allerdings, sagte sie auch, sie hätte kein Geld und bräuchte welches von mir für das Ticket.

Jetzt war ich im Alarmmodus, die will nur das Geld von dir. Ich nahm daraufhin Kontakt mit der Deutschen Botschaft in Accra auf. Eine sehr nette Frau machte mich dann auf die Betrügereien mit Europäern aufmerksam, und teilte mir dann auch mit, dass es meine angebliche Daniella Nathan gar nicht geben würde.

Jetzt schaltete ich auf Angriff, und teilte ihr direkt mit, dass sie eine Betrügerin sei.

Daraufhin geschah das Unerwartete. Sie rief mich plötzlich auf meinem Handy an und beteuerte, dass sie keine Betrügerin sei, sondern nur eine einfache Frau, die einen guten Mann suche. Und sie hätte sich das Geld geliehen und kaufe morgen das Ticket. Was, jetzt? Liege ich falsch? Was tun? Abwarten, ich musste ja kein Geld schicken. Tags darauf rief sie per Chatt bei mir an, und teilte mir mit, dass sie kein Ticket bekomme, man liesse sie nicht ausreisen, da sie kein Geld nachweisen konnte. Ein Officer von der Einwohnerbehörde teilte mir mit, dass meine Frau nicht ausreisen dürfe, da es in Ghana ein Gesetz gebe, dass besage, dass die Ausreisende mindestens ein Vermögen von 3000.- Euro vorweisen müsse, da ansonsten, falls ich sie nicht abholen würde, der jeweilige Staat für sie aufkommen müsse. Er mailte mir sogar das Gesetzdokument. Wenn ich wollte, müsste ich ihr die 3000.- Euro überweisen, die ich natürlich zurückbekommen würde.

Für mich war klar, die Betrügerei war auf dem Höhepunkt angekommen. Ich wusste auch, dass sie ein Schengenvisum für Deutschland benötigt. Da meldete sich wieder Daniella, und meinte, ich solle auf gar keinen Fall das Geld schicken, das wären Betrüger. Also meldete ich mich nochmals bei dieser Einwohnerbehörde und chattete mit einem Frimpong Prince. Ich beschimpfte ihn als Betrüger, er wehrte sich dagegen und meinte es entspreche alles der Wahrheit. So ging es hin und her, bis ich ihn fragte, was denn wäre, wenn ich sie abholen käme. Dann meinte er, müsse er sie ziehen lassen, da ich Bürger eines Schengenland sei, und dementsprechende Zuweisungen vorweisen könnte.

Also reifte in mir der Entschluss, sie zu holen. Zudem sie mir ja zeigte, dass sie es doch ehrlich meinte. Bei mir blieb jedoch weiterhin die Skepsis. Dennoch waren schon mehr als zwei Monate vergangen und unsere Liebe zueinander wuchs. Mein Gefühl aber sagte mir, dass irgendwas nicht stimmte, aber was.

Ich beantragte das Visum, und buchte meinen Flug auf Ende Juli 2015. Da geschah das, auf das ich seit Wochen wartete. Sie sagte, sie müsse mir was beichten, und ich solle mich doch bitte nicht von ihr abwenden. Sie hätte mich die ganze Zeit angelogen, sie wäre nicht diese Person, die sie angegeben hätte, aber es stimme, dass sie mich absolut liebe. Ich hatte irgendwie schon lange einen bestimmten Verdacht, und sagte ihr, da sie es nicht herausbrachte, sie sei eine Schwarze? Das bejahte sie, und ob ich mich jetzt von ihr abwenden würde. Ich sagte ich bräuchte etwas Zeit, ich hätte keineswegs was gegen Schwarze. Sie schickte mir daraufhin ihr Bild, von dem ich sehr angetan war. Ihr Name war Rita Owusuwa, 35 Jahre alt. Aber war sie das jetzt wirklich? Ich beschloss, alles zu riskieren, entweder sie steht am Flughafen, oder ich bin alleine in Accra. Alles oder Nichts.

Ich teilte ihr per Telefon mit, dass ich es zwar nicht gut finden würde, dass sie mich so angelogen hatte, aber es dennoch mit ihr versuchen würde. Sie entschuldigte sich tausendmal, sie hätte einfach Angst gehabt, dass ein Europäer mit einer Schwarzen nichts zu tun haben wolle. So hätte ihr Bruder die Idee gehabt, es mit einer Lüge zu probieren. Seit diesem Tag chattete sie nicht nur mit mir, sie schickte mir SMS und rief mich an.

 Es waren mittlerweile 3 Monate vergangen. Wir verbrachten am PC fast mehr Zeit miteinander, als ein Ehepaar.

Flug nach Ghana

Es kam der Tag des Fluges nach Ghana. Mittlerweile war ich mir sicher, dass sie am Flughafen wartete, denn ich hatte bemerkt, dass sie nur noch auf mich fixiert war, ich wusste alles, was sie machte, sie teilte mir Ihren Tagesablauf komplett mit.

Nach 3 Stunden Flug nach Lissabon, dort rief sie mich an, dass sie es fast nicht mehr aushalten könne, bis ich komme, folgte der 8 Stündige Flug nach Accra, und es begann ein neuer Abschnitt meines doch schon langen Lebens.

Die wollten mich gar nicht reinlassen in ihr Land, denn ich hatte mich nicht gegen Gelbfieber impfen lassen. Da musste ich dann zu einer Stelle im Flughafen, wo ich ein Impfbuch gegen Geld bekam, dort wurde dann meine angebliche Impfung bestätigt. Das war also schon der erste Betrug.

Wohin bin ich hier geraten? Ueberall Betrug? Ich sollte mich jedoch gründlich täuschen!

Dann endlich nach einer halben Stunde stand ich vor ihr. Sie war wesentlich schöner als auf dem Bild, ich war begeistert. Aus den vielen Küssen, die sie mir geben wollte, wurde gerade mal einer, wir hatten keine Zeit für uns. War ich ein Filmstar? Mindestens 10 bis 15 Menschen waren um mich herum, jeder redete auf mich ein. Bis dann zwei Männer sich mein Gepäck schnappten, mit den anderen ein Machtwort sprachen, und Rita mir zuflüsterte, dies sei richtig so, ich solle ruhig bleiben. Wir gingen zu einem Taxi, und fuhren los.

Der eine Mann stellte sich dann als Bruder von ihr vor, und der andere wäre Taxidriver, sein Freund. Rita nahm meine Hand und küsste sie.

Ich merkte, ich war angekommen. Sie erzählten mir, dass Englisch zusammen mit Ghanaisch die Landessprache sei, und dass sie mich und meine Frau ins Hotel fahren würden. Wir hatten es im Auto unglaublich lustig, so als seien wir schon jahrelang ein Team. Aber das Hotel konnten wir nicht finden. Stundenlang fuhren wir umher, fragten und fragten, nichts. Es war mittlerweile schon Mitternacht. Wir hatten einen Leitspruch gefunden: „ **That is Africa**". Dann tatsächlich, es war um ein Uhr Nachts fanden wir das Hotel. Meine „Frau" und ich checkten ein.

Da wir immer noch etwas distanziert miteinander umgingen, dachte ich, mach bloss nichts Falsches. Aber sie war so unkompliziert, kam nackt ins Bett, somit wurde das auch die erste Liebesnacht.

Hotel Ellen Taifa

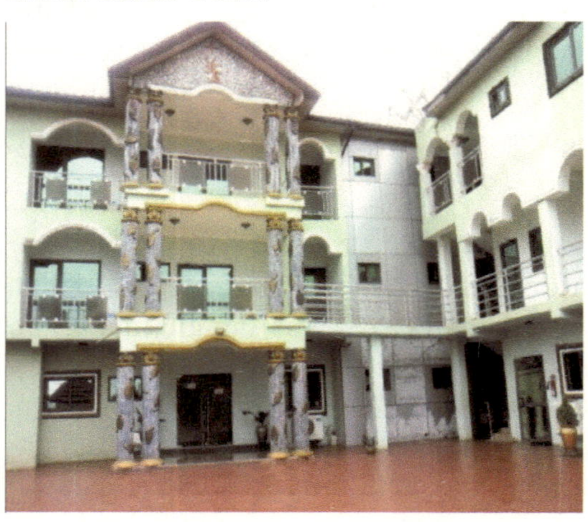

Am zweiten Tag fuhren wir dann zur Accra Mall, einem grossen
Einkaufscenter und assen dort Huhn mit Potatoes, Pommes. Am
darauffolgenden Abend

hatten wir zwei dann wieder sehr grossen Hunger. Da

wir kein Restaurant gesehen hatten, fragten wir den Hotelchef. Der
ging dann mit uns mit, und zeigte uns ein Restaurant in einer kleinen Seitenstrasse, das seinem Freund gehörte, und bei dem auf der
Strasse Tische und Stühle standen. Und ringsherum wurde aller-
hand gebrutzelt und gekocht. Wir hatten genug Auswahl.

Sogar einen Cappuccino bekam ich. Das war der Einzigste in den
ganzen Wochen. Wir hatten tolle Musik, es waren viele Leute da.

Ghana und seine Menschen

Ghana hat 26 Millionen Einwohner und ungefähr die gleiche Fläche wie Deutschland.

Im Norden des Landes befindet sich die Steppe, in der Mitte breitet sich der grösste Stausee Afrika`s aus, der Voltasee, hier wird Reis angebaut. Weiter nach Süden ist das Bergland, danach folgt die Region Greater Accra mit der Hauptstadt Accra, die im Norden, ca. 40km vom Zentrum nach dem Bergland beginnt und dann am Meer, der Goldküste abschliesst. Ghana war früher eine Englische Kolonie und ist seit Jahrzehnten eine Republik.

Das Klima ist fantastisch. Eigentlich gibt es keine Jahreszeiten, trotzdem spricht man von ihnen.

Der Sommer mit durchschnittlichen Temperaturen

von 38 Grad ist von Dezember bis März. Danach folgt bis Ende Juni die Regenzeit (ab und zu Regen),

bis ca. 35 Grad. Dann kommt der Winter mit herrlichen 25 bis 29 Grad und einer Trockenperiode

bis Ende November.

Kleine Gewitter sind möglich.

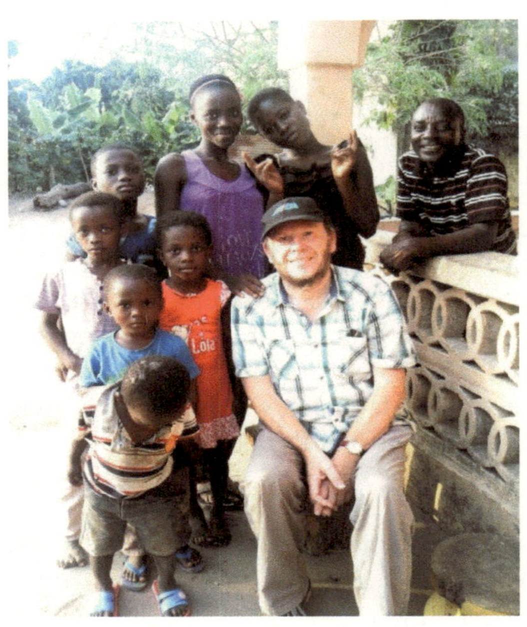

Die Sonne ist sehr angenehm und nicht so aggressiv wie bei uns, ich hatte nie einen Sonnenbrand. Alles in Allem ein wunderbares Klima. Wären da nicht Malaria und Gelbfieber, gäbe es keine Krankheiten. Krebs, Herzprobleme und Grippe kennt man hier nicht, das liegt natürlich auch an der gesunden Ernährung.

Und was ich an diese Stelle einfach mal sagen muss, ist, dass die Leute hier alle unglaublich freundlich zu mir sind. Manche geben mir die Hand oder klatschen mich ab, und fragen, ob ich German bin.

Dann sagen sie bestimmt irgendein deutsches Wort wie „alles klar", oder so. Ich bin sofort akzeptiert, keiner gibt mir einen Grund zu denken, ein Weisser zu sein. Und alle akzeptieren, dass ich eine Frau von ihnen habe. Ich gehöre einfach zu ihnen. Dazu sind alle gut gelaunt, und laufen fröhlich herum, obwohl es den meisten sehr schlecht geht. Was für ein tolles Volk. Und wie sie sich organisieren, das ist unglaublich. Sie leben in Hütten aus Beton, sehr klein. Neben der Hütte haben sie im Freien ihren Laden. Die Sofas und Coachen stehen ebenfalls am Strassenrand. Ganze Baumärkte ebenfalls, alles im Freien. Und fährt man mit den Autos an Kreuzungen, so stehen sie in der Mitte der Strasse mit ganzen Kaufläden auf dem Kopf und laufen hin und her. Man kann alles bekommen was man braucht, diese Frauen nennt man hier Strassenmädchen. Alles spielt sich auf der Strasse ab. Eine unglaubliche lockere Atmosphäre. Und nach 4 Wochen war ich völlig überzeugt, dass dies alles bestens funktioniert, im Gegenteil, was Besseres gibt es nicht. Wir sitzen im Auto, es ist heiss, wir haben Durst. Nach der nächsten Kreuzung ist dies vergessen. Denn ein Strassenmädchen lief am stehenden Auto vorbei, und hatte frisches Mineralwasser in Plastiksäckchen verpackt auf dem Kopf. Was für ein Genuss, was für ein Service.

Was ich allerdings feststellen muss, dass hier alles mit Krach und Geschrei stattfindet. Laut ist hier angesagt. Alles wird diskutiert und diskutiert. Aus jeder Mücke wird ein Elefant gemacht.

Die Menschen selbst sind alle sehr schön. Vor allen Dingen die Frauen. Die sind gut gebaut, relativ gross und gut gekleidet, sei es in ihrer Tradition oder modern.   **That is Africa!!**

Am ersten Freitag dann fuhren wir zum Passamt. Sogar dort sind Schalter, d.h. Stühle und Tische im Freien aufgestellt. Dort traf ich dann Ritas Vater. Auch so ein unglaublich lockerer Typ. Für den war ich auch gerade einer seiner Schwiegersöhne. Er organisierte das mit Ritas Pass. Allerdings ist da wohl einiges schief gegangen, denn der Pass konnte nicht gefunden werden, also alles auf neu.

Ich werde wohl noch länger in Ghana bleiben müssen. Aber mir gefällt das Leben ja hier. Zudem ist das Wetter hier ja wesentlich besser wie in Neu-Afrika, Entschuldigung, ich meinte Deutschland, mit 40 Grad.

Hier haben wir höchstens 26 – 28 Grad, trocken und dennoch meistens bewölkt, also sehr angenehm.

That is Africa!!   Winter in Afrika

Am Samstag wollte ich mit Rita endlich mal alleine unterwegs sein. Das ging aber gründlich schief, wegen der Verständigung. Ich wollte in den Botanischen Garten. Taxidriver und ihr Bruder holten uns ab, und wir assen im Restaurant des Gartens in einem zweistöckigen offenen Holzhaus, sehr gut gemacht. Das Essen war vorzüglich, Huhn mit Reis, und danach Nesscafe. Den bekommt man hier überall, sogar im Hotel zum Frühstück. Nun bei dem Essen musste ich mir mal Luft verschaffen. Ich machte Ritas Bruder klar, dass wir beide jetzt einmal allein sein wollen, und ich jetzt seine Aufpasser-Rolle übernehmen werde. Dazu muss ich sagen, dass hier die Frauen dazu da sind, den Männern alles zu machen, und auf sie zu hören. So hat ihr Bruder diese

Rolle übernommen, und sie musste ihm täglich Bericht erstatten. Das erlaubte ich ihr nun nicht mehr, sie hielt sich daran.

Ich muss sagen, meine Rede hat Wirkung gezeigt. Man liess uns darauf in Ruhe.

Besuch bei Ihren Eltern

Aber erst kam noch der Sonntag, der machte mich doch nervös. Besuch bei ihren Eltern. Taxidriver fuhr uns hin. Zuerst nahm mich der im Haus wohnende Pastor und seine Frau in Beschlag. Der wollte auf seine sehr freundliche Art alles von mir wissen. Dann kamen nach und nach sämtliche Familienmitglieder und begrüssten mich. Wir sassen im Freien hinter dem Haus, das man schlecht als solches nennen darf. Was für arme Zustände. Eine grosse Tonne mit Trinkwasser im Hinterhof war das fliessende Wasser. Aber was für freundliche Leute. Nach 5 Minuten war ich einer von ihnen. Rita hat 3 Brüder und 3 ebenfalls sehr attraktive Schwestern. Und alle kümmerten sich nur um mich. Als einzige hatten wir beide ein Mineralwasser bekommen. Dann stand der Pastor auf und hielt eine Rede. Ob mir eigentlich klar wäre, dass Rita ihr komplettes Leben für mich aufgeben würde, u.s.w.

Aber Sie hätten gleich bemerkt, dass ich ein rechtschaffender Mann wäre und die Eltern getrost ihre Tochter in meine Hände geben können. Danach beteten wir. Ich musste dann auch eine Rede halten, und den Eltern für so eine liebe Tochter danken. Danach löste sich alles auf, denn es wurde ja gegessen. Ein Tisch wurde heraus gestellt, mit zwei Tellern.

Dann hatte ich das erste Mal Kontakt mit Ghana Food. Es gab Reis mit Suppe und Meat, Rindfleisch.

Aber nur wir beide? Rita flüsterte mir zu, dass das Essen nur für uns beide wäre. Die anderen sassen mit Abstand da, und sahen uns zu.

Jetzt kam das grösste Problem auf mich zu, denn man ass mit der Hand. Rita hatte jedoch Mitleid mit mir und gab mir einen Löffel, so dass ich den Reis mit dem Löffel in die Suppe tunken konnte. Es schmeckte mir vorzüglich, so ungefähr wie Gulasch. Aber was für ein Gelächter, als ich den Reis mit dem Löffel ass. Ich entschuldigte mich dafür. Es war ein absolut gelungener Tag, Rita war sehr stolz.

Ich bemerkte wieder, dass sie mich absolut liebte und mich gerne ihrer Familie vorzeigte.

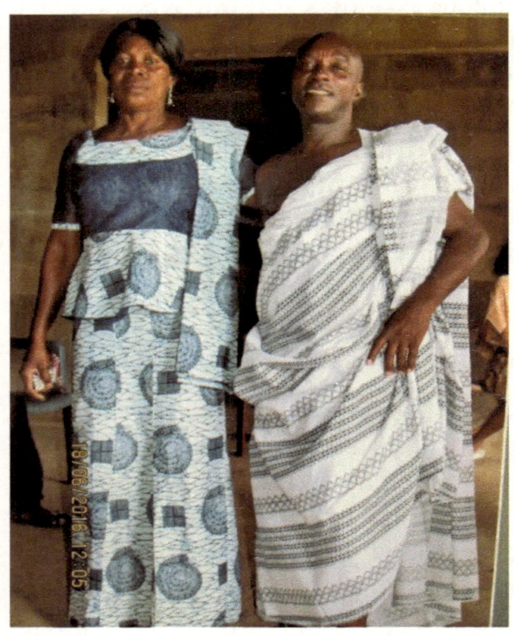

Ausflug nach Accra

Am Montag dann fuhren meine Frau Rita und ich mit einem anderen Taxi nach Accra. Was ich dann dort im Zentrum dieser 3 Millionenstadt sah, übertraf alles, was ich bisher gesehen hatte. Die ganze Stadt war ein Basar, Waren aller Art im Ueberfluss. Menschen in unglaubliche Mengen. Ein absoluter Wahnsinn. Wir fuhren aber erstmal zu dem Mausoleum, des berühmtesten Politiker Ghanas. Das besichtigten wir. Ausser einer Schulklasse war niemand da. Wir besichtigten alles in Ruhe und ich musste zugeben, es gefiel mir sehr. Ich kam mir vor mit meiner Rita wie ein altes verheiratetes Pärchen, es war sehr angenehm. Betreut wurden wir immer so zwischendurch von einem unglaublich Deutsch freundlichen jungen Mann, der dann fragte, ob wir Hunger hätten. Das hatten wir. Er führte uns zu einem sehr freundlich aussehenden Restaurant, dass aber erst am kommenden Freitag eröffnet wurde. Er ging zu dem Wirt, der herumwerkelte. Dieser kam dann zu uns und erklärte mir in perfektem hochdeutsch, dass er für mich als deutschen eine Ausnahme machen würde und uns was kochen würde. Es stellte sich heraus, dass er Ghanaer ist, und 10 Jahre in Berlin lebte, eine Deutsche Frau hatte, und Koch lernte. Er kochte uns Ghana Food, Fufu. Mir schmeckte es sehr gut. Jedoch brachte ich es wieder nicht fertig, den Reis mit der Hand zu essen. Er machte uns noch einen fantastischen Preis, und wir zogen dann weiter in die Innenstadt. Das war ein Erlebnis der besonderen Art.

Rita ging voraus und hielt mich wie ein kleines Kind an der Hand, dass ich ja nicht verloren ging, bei den Menschenmassen.

Wir kauften ein. Zum Beispiel billige Klipper für Rita. Da sassen dann ca. 20 Frauen am Strassenrand mit Körben voll dieser Schuhe. Rita probierte mal hier, mal da und verhandelte knallhart die Preise. Das kann sie, wie keine zweite. Ich erinnere mich, ein Taxifahrer wollte für eine Fahrt 90 Cedits. Bezahlen musste ich schlussendlich 15 Cedits, nachdem wir zweimal wieder ausgestiegen waren.

So ging dies auch bei den Schuhen. Dann auf einmal waren alle Frauen weg. Warum?, weil ein Polizist auftauchte, und der Verkauf illegal ist. Kaum war der weg, sassen alle wieder am selben Platz.

Dann sprach eine junge Frau Rita an, ob wir Kleider suchen würden. Das wollten wir sowieso. Sie führte uns dann durch Bruchbuden, durch Hühnerställe in einen kleinen Raum mit Kleidern. Die

Mutter lag auf dem Boden und schlief, die Grossmutter schlief auf einem Sessel. Die junge Frau und ihre Schwester zauberten Kleider hervor, woher, dass konnte ich nicht feststellen. Ich durfte auf einem Stuhl Platz nehmen, eine Umkleidekabine gab es auch nicht, Rita zog sich vor allen um. Nachdem sie so 7 Kleidungsstücke in eine Richtung geworfen hatte, ging das Feilschen los. Sie hatte schon vorher zu mir gesagt, mehr als 150.- Cedits, das sind 35 Euro, wolle sie nicht ausgeben. Im Endeffekt bekam sie die ganzen Kleidungsstücke für die 150.- Cedits. Wir waren dann fertig, und wollten dann zurück nach Taifa. Wir fahren mit dem Bus, meinte sie. Ich fragte mich, was für ein Bus? Ich hatte noch nie einen gesehen. Wir standen an die Strasse.

Langsam fuhr ein Kleintransporter auf uns zu. Einer hing mit seinem Körper aus der offenen Türe heraus und sagte, Transport nach Achimota, also falsch.

Der nächste war dann der Richtige. Wir sassen kaum drin, hiess es, alles sofort heraus, Polizei. Der Fahrer wurde kontrolliert, wieder illegal. Wir bekamen keinen Bus mehr, die Kontrollen waren zu stark. So nahmen wir halt wieder ein Taxi. Alles in Allem, ein fantastischer Tag.

Greater Accra, eine grosse Stadt

Greater Accra, das ist die 2 Millionenstadt Accra und die umher-
liegenden Vorstädte mit 1,2 Millionen Bevölkerung, also 3,2 Millionen Einwohner, auf einer Fläche 30km mal 30km. Ein unglaub-
liches Häusermeer. Im Zentrum grosse, normale Häuser wie in Europa. Weiter raus aus der Stadt kommen dann die ärmeren Sied-
lungen mit kleineren Häusern, ganz draussen dann die kleinen Village mit den ganz armen Leuten. Accra, das ist der Unterschied
zwischen arm und reich, zwischen Wohlstand und Armut ohne
fliessendem Wasser, jedoch überall mit Strom. Der leider des Oef-
teren an einem Tag ausfällt. Das nennt man dann " Light off".
Dann gibt es da noch die Villenviertel mit den ganz Reichen. Zum
Süden hin ist das Meer, der sogenannten Goldküste. Nach Norden
hin kommt das Gebirge mit viel Fauna und Dschungel. Weiter im
Norden folgt die Voltaregion mit dem Volta-Stausee, dem grössten
See Afrikas.

Die kleineren Stadtviertel sind zumeist so aufgebaut:

Eine normale lange Strasse mit Geschäften auf

beiden Seiten, dann Nebenackerstrassen, total kaputt, mit den kleinen Hüttengeschäften. Dahinter immer die Wohnbereiche, d.h. ein
Zimmer. Die Stadt ist nicht schön, dafür umso interessanter.

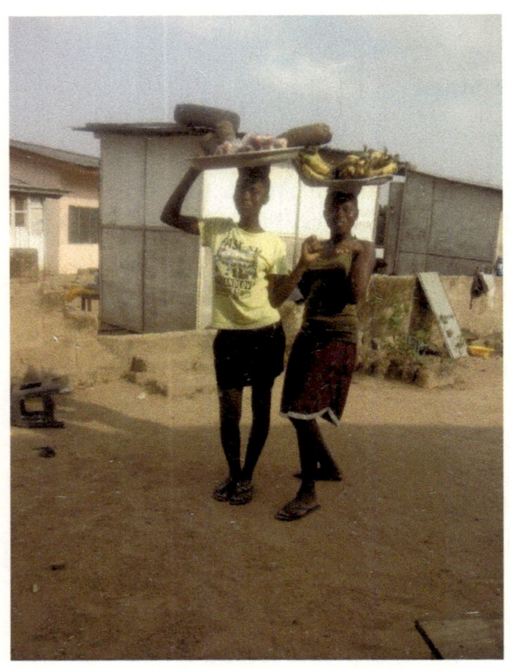

Angela und Jessica als Strassenmädchen

Rita Owusuwa

Und jetzt muss ich mal was zu Rita sagen. Das ist eine richtige gute Frau, unglaublich lieb, kein böses Wort sprechend und dennoch eine starke Persönlichkeit. Mir gegenüber sowas von aufmerksam.

Ich kann mir nichts selbst einschenken, alles macht Rita, volle Bedienung. Sie läuft sogar vor mir her und macht mich auf jedes Schlagloch aufmerksam, sie passt einfach auf mich auf. Wie ein Pascha werde ich behandelt. Schlage ich mir was an, kommt sofort „sorry", und ich werde verarztet. Und sie bemerkt jede Kleinigkeit, und kann auch noch meine Gedanken lesen. Sie sprüht nur so vor Intelligenz. Was Besseres konnte mir nicht passieren. Dazu hat sie auch noch ein Gesicht wie gemalt.

Eine geile Figur, und ein Gang, wahnsinnig. Und diese Haut, samtweich. Im wahrsten Sinne des Wortes: Voll ins Schwarze getroffen.

Und dann ist sie die Organisation in Perfektion. Wir laufen von Stand zu Stand, sie kauft ein, danach kommt ein unglaublich gutes Mittagessen zu Stande. Ich komme als da gar nicht mehr mit. Und dann steht plötzlich ein Taxifahrer vor uns, wie hatte sie jetzt diesen wieder organisiert. Und wehe, der Taxifahrer will einen höheren Preis, als Rita im Kopf hat. Denn der Preis wird vor der Fahrt verhandelt. Dann hörst du nur noch ein Geschrei zwischen den beiden. Ich musste auch schon mal wieder aussteigen. Rita verhandelt immer einen Superpreis.

Rita hat sich mittlerweile stark verändert. Aus der zurückhaltenden Frau, die vor allen Dingen ihre Gefühle zurückhielt, ist eine aufgeschlossene Frau geworden.

Sie wirkt wesentlich offener, und zeigt ihre Gefühle mir gegenüber. Siehe da, es kann passieren, dass sie mir einfach einen Kuss auf den Mund gibt, oder zu mir kommt und sagt:" I love you so, so, so much". Sie, die ihr ganzes Leben lang keine Zärtlichkeit bekommen hat, hat gelernt damit um zu gehen. Sie erspart mir fast täglich das Ghana Food und kreiert neues Essen, dass dann unglaublich lecker schmeckt. Ich würde sagen, wir haben es geschafft, eine Einheit zu werden.

Was ich aber feststellte, dass sie eine Plaudertasche geworden ist, überall am Tratschen. Und irgendwie muss sie bei ihresgleichen eine Respektperson sein und wird überall um ihren Rat gefragt.

Sie muss eine ungeheure Souveränität und Autorität ausstrahlen.

Medie, der nördlichste Stadtteil von Greater Accra

Medie liegt ca. 35km nördlich vom Stadtzentrum Accras entfernt, direkt an der Nationalstrasse N8 Richtung Kumasi, der nächsten Millionenstadt des Landes. Im nördlichen Teil von Medie beginnen die Berge.

Hier wohnen nur arme Menschen, zumeist in armseligen kleinen Häusern mit 2 Zimmern.

Es gibt viele kleine Dörfer rund um das Zentrum Medie`s. Parallel zur Nationalstrasse

verläuft eine nicht asphaltierte Strasse, mehrere Kilometer lang, bestickt mit grossen Schlaglöchern. Links und rechts der Strasse gibt es die kleinen Hüttengeschäfte, in denen man alles was man braucht kaufen kann.

Eine grössere Schule, zwei Internetcafes und zwei Tankstellen sind vorhanden, jedoch keine Bank. Auch gibt es zwei Hotel, das Saforo und das Ellen Hotel, in denen wir auch wohnten. Rita`s kleines Haus liegt gleich neben der Schule. Das kleine Dorf Village liegt ungefähr 3km in Richtung Accra, ebenfalls neben der Nationalstrasse. Dort wohnen Maggi, Kennedy und die Kinder.

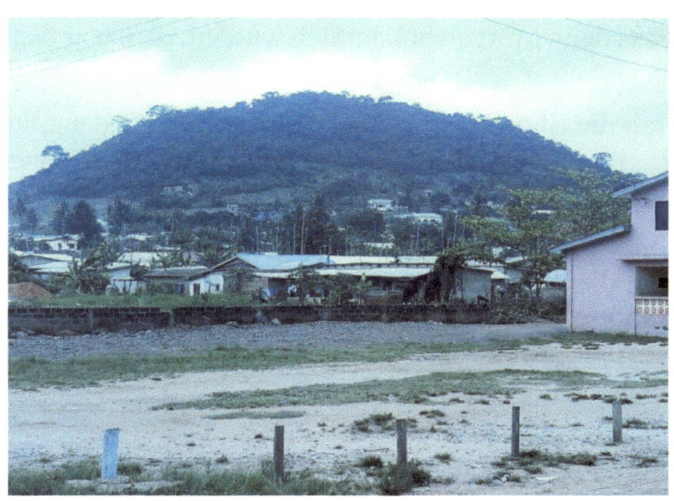

Besuch bei Maggi

Wer Maggi ist? Rita`s ältere Schwester, ein absolutes Unikum, den Schalk im Nacken. Und die Meisterin im Machen von Fufu, der Nationalspeise Nummer 1. Bestehend aus Plantain, das ist eine Frucht, die Kochbanane, sieht etwas grösser aus als eine Banane. Aber innen sehr hart, ich hatte nicht gewusst, dass es diese Frucht gibt.

Und aus dieser Frucht zusammen mit Maniok (ein Knollengewächs) wird ein Brei gemacht, dazu die Suppe mit Rindfleisch oder Fisch und natürlich Reis. Absolut nicht mein Fall. Plantain schmeckt mir schon gar nicht.

Also, ich war gespannt, auf das zu Hause von Maggi. Aber vorher fuhren wir nach Accra, auf das Passamt, um diesen eventuell früher zu bekommen. Dort wartete der Vater von Rita. Wir erreichten, dass wir den Pass dann Morgen bekommen würden, dem war dann auch so.

Wir liefen durch die Shopstrassen Accras und bekamen dann tatsächlich einen „Bus". Es gehen tatsächlich 27 Leute in so einen Transporter, enger geht es nicht mehr. Wohin mit meinen Füssen?

30km für 3 Cedits, geschenkt. Dafür eine kaputte Bandscheibe. Wir fuhren dann durch die Region, wo vor Tagen ein Sturm alles kaputt schlug. Mein Gott, sah es dort aus, alles dem Erdboden gleich gemacht. Die Leute hatten kein Dach mehr über ihrem Kopf, schrecklich.

Dann erreichten wir das Dorf, in dem Maggie wohnt. Also eine Armensiedlung, wieder diese Hütten aus Beton. Wenigstens hatte die Hütte von Maggi eine überdachte Terrasse. Kaum sah man uns, lief eine riesige Menge von Kindern, 9 an der Zahl, schreiend auf uns zu, und riefen Rita, Rita. Die konnte sich derer kaum erwehren. Sie verteilte die mitgebrachten Süssigkeiten. Die Kinder tanzten vor Freude. Ja, das ist was anderes wie bei uns. Da musst du mindesten ein gutes Spielzeug mitbringen. So was haben die hier gar nicht, nur einen Lederball. Als erstes kam Maggie auf mich zu, und brachte mir den einzigen richtigen Stuhl, alles andere sind kleine Hocker aus Holz.

Die Kinder gaben mir artig ihre Hand, und ich erfuhr nebenbei, dass zwei Mädchen Töchter von Rita sind. Also, Rita war doch tatsächlich Mutter dreier Kinder, später dazu mehr. Auch hier wurde das Essen im Freien gemacht, auf offenem Feuer. Der Brei wurde in einer grossen Holzschale mit langem Stab und Muskelkraft gemacht. Ich glaube eine Stunde lang.

Das jüngste aller Kinder, ich nenne ihn den Footballer, spielte mir gekonnt den Ball zu, und kurz danach spielten alle Kinder mit mir Fussball. Und jeder wollte in meinem Team sein.

Insgesamt leben hier bei Maggi und Ihrem Mann Kennedy 9 Kinder. 3 davon sind die Kinder von Rita, 3 von Selina, der Rest sind von Maggi. Hier in Ghana ist es Sitte, dass die älteste der Geschwister, falls sie verheiratet ist, die Kinder der ledigen Geschwister erzieht und bei sich leben lässt. So also ist das in dieser Familie Maggi. Selina war als Beispiel 8 Jahre im Libanon verheiratet, die Kinder blieben in Ghana bei Maggi. Wenn Rita mit mir nach Deutschland kommt, bleiben ihre 3 Kinder, Desmond, Vera und Meradin in Ghana.

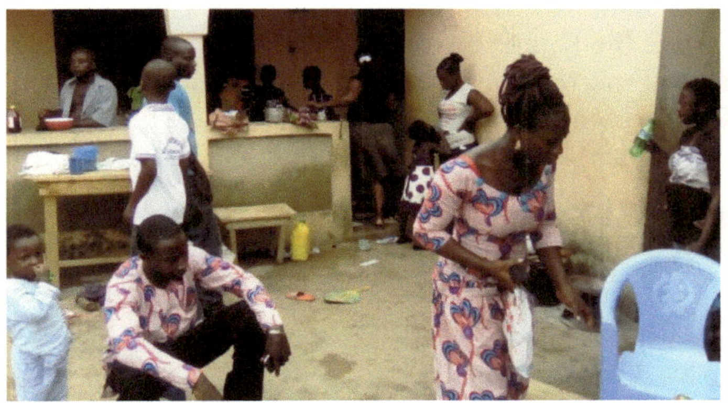

Das Village Satellit

Nun möchte ich erklären, wie die armen Leute in so einem Village (Dorf) leben.

Es besteht aus ca. 10 bis 15 kleinen Häusern aus Beton mit kleinen Fenstern. 2 Räume,

ein Bedroom und ein Livingroom. Darin leben ca. 6 – 12 Menschen.

Die Toilette befindet sich im Freien, in der Natur. Wasser muss man sich mit einer grossen Schüssel auf dem Kopf beim Trinkwasserfass (für das ganze Dorf) holen. Für das Waschen ist ein kleiner Raum im Freien gemauert worden, ohne Dach. Gekocht wird im Freien. Auf offenem Feuer, ein ganz kleiner Ofen. Zugeschnitten werden alle Zutaten in der Hand, auch Zwiebeln, sehr geschickt.

Alles wird im Freien gemacht. Den ganzen Tag befindet man sich draussen. Zusammen mit den Hühnern.

Das Essen wird dann von den Erwachsenen aus einer grossen Schüssel gegessen, die Kinder bekommen jeder was in ihre kleine Schale. Alles wird mit der Hand gegessen. Aber alle können mit Messer und Gabel essen. Wäsche gewaschen wird wie bei uns vor 40 – 50 Jahren mit der Hand.

Die Bewohner treiben Handel miteinander, zudem hat jedes Dorf ein paar kleine Läden und natürlich einen Frisörladen. Denn das falsche Haar ist der Afrikanischen Frau wichtigstes Utensil.

Ab 18 Jahren darf man eine Perücke tragen. Ich frage mich warum? Denn fast alle Frauen haben ein schönes und auch langes Haupthaar, so auch Rita.

Ich muss aber noch eine Lanze brechen für das arme Volk.

In Sachen Körperpflege und Reinigung sind sie sehr sorgsam.es wird am Morgen geduscht und am Abend. Die Kinder werden von Kopf bis Fuss gewaschen. Das Geschirr wird sofort abgewaschen. Alles sehr gut organisiert. Jedes Kind hat seine Aufgaben. Es geht alles sehr reinlich und sauber zu. Auch die Hautpflege ist sehr wichtig.

Die Kinder im Allgemeinen sind sehr gut erzogen, folgen aufs Wort, sind sehr höflich und extrem freundlich. Allerdings wird das Kind noch mit Prügel bestraft. Kein Verbot wie bei uns. Dafür keine schreiende und quengelnde Kinder. Der Vater hat das oberste Recht und muss darauf achten, dass Geld herein kommt. Die Mutter ist für den Haushalt zuständig und für die Pflege des Mannes. Danach kommen die Kinder dem Alter nach.

Gegenüber dem Haus von Maggi steht ein grosser Rohbau, ein Haus wie hier in

Deutschland, das von Deutschen gebaut wird, die dann irgendwann mal wieder kommen um weiter zu bauen. Solange passt Maggi auf das Haus auf, und kann sich darin aufhalten.

Dort hielt ich mich die meiste Zeit auf. Rita und Meradin waren immer bei mir.

Da hatte ich Schatten, ein Wind strich immer vorbei, dort konnten wir uns ausruhen.

Ghana Food - Das Essen in Ghana

Also vielseitig kann man das Essen in Ghana nicht nennen, aber gesund. Das Ghana-Food besteht im Wesentlichen aus fünf bis sechs Gerichten. Als Nationalgericht kann man Fufu bezeichnen. Es wird

aus Plantain und der grossen Rübe Maniok zu Brei verarbeitet, 3 Stunden mit dem Holz gestampft, eine Suppe gemacht aus Fisch

(Selapiafisch) oder Rind, dazu Reis, fertig. Der Reis ist breiig, wird mit der Hand genommen und In die Suppe getunkt.

Die nächste Speise heisst Banku. Sie besteht hauptsächlich aus Mais und einer Suppe, wie bei Fufu. Die dritte Speise nennt sich Yam. Yam ist eine Süsskartoffel, wird gemixt mit Plantain. Zur

Erinnerung, Plantain ist die Frucht, die wie eine Banane aussieht und hier üppig wächst.

Die vierte Mahlzeit ist Kapitsu.

Die fünfte heisst Eto, ein Mix aus Plantain und Mais.

Und für alle die, die etwas mehr Geld haben gibt es Chicken mit Reis. Der Reis mit einer Sauce angemacht, etwas Salat und zwei Hühnerteile, oder das Ganze mit Potatoes, das sind Pommes Frites, selbst gemacht. Schmeckt sehr gut. Das esse ich fast jeden Tag.

Alle Speisen sind sehr scharf, da mit viel Pfeffer gemacht. Es gibt mehr als 100 Pfeffersorten. Salz wird hier für nicht gesund empfunden und nur selten genommen.

Mehrmals sind wir mit einem Taxifahrer in bessere Restaurants gefahren, weil dieser meinte, hier gibt es auch anderes Essen als Ghana Food. Letztendlich war es dann doch nur das Chicken. Oder es war Pizza auf der Karte, dann aber war die ausgegangen.

Es bleiben also nur diese 6 Speisen. Genauso gibt es kein Gebäck ausser einer Packung Kekse. Also auch nichts Süsses zu bekommen. Für uns Europäer ein spärliches Angebot an Lebensmittel. Wenigstens gibt es genug Getränke. Hauptsächlich das Shandy schmeckt mir vorzüglich. Es ist eine Bierschorle.

Aber Rita zauberte mir gute Essen mit Kartoffeln und Nudeln. Alles Eigenkompositionen, die hat ganz schön was drauf, was das Kochen betrifft.

Es heisst, Ghana Food ist das gesündeste Essen der Welt, immer frisch.

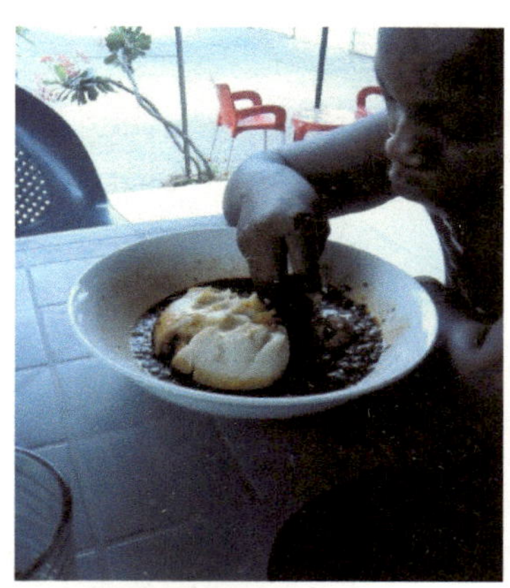

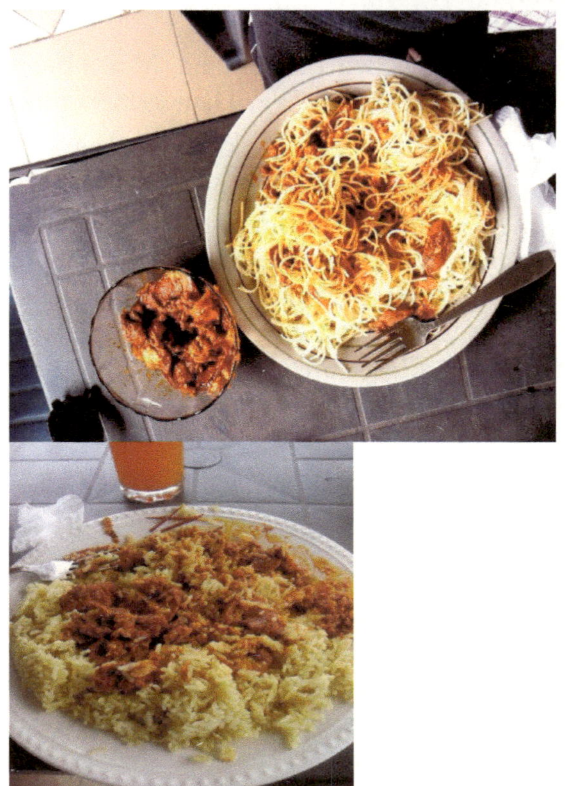

The German Embassy, Die Deutsche Botschaft in Ghana Kapitel 1

Wie schon geschrieben bekamen wir den Reisepass. Jetzt konnte ich bei der Deutschen Botschaft hier in Accra endlich den Termin für die Antragsstellung per Online bekommen. Also ging ich ins Internet und bekam dann auch diesen. Wut überkam mich, als ich diesen las. Am 17.9. könnten wir zur Botschaft und die Unterlagen bringen. Am 17.9, in 5 Wochen? Das ist wohl nicht deren Ernst. Sofort schrieb ich ein E-Mail an die Visumstelle.

Prompte Antwort von einem Deutschen Landsmann. Man könne da nichts machen, die Termine seien voll. Na, Dankeschön, und woher soll ich bitteschön das

Geld für das Hotel, etc. hernehmen? Ich ging nochmals einige Stunden später in die Online-Terminvergabe und da stand dann der 8.9.2015. Ich meldete Rita dann da an. Ueber E-Mail kam dann die Bestätigung, 8.9. um 7.30 Uhr. Eine Minute Verspätung, aus, neuer Termin. Sind wir hier beim Militär? Spinnen die Deutschen? Ja, ich glaube es, denn was die alles wollen an Unterlagen, und wissen wollen? Und das für ein Touristenvisum. Wir wollen kein Asyl beantragen!

Das wollte ich einfach nicht auf mir sitzen lassen, und so fuhren wir einige Tage später zur Botschaft.

Ich wollte als Deutscher Staatsbürger Einlass, um mein Anliegen hervor zu bringen. Aber was war denn das? Vor der Botschaft Menschenmassen, und ein Schalter vor der Botschaft. Dort sass ein Ghanaer, den ich fragte, ob er Deutsch spräche, nein nur Englisch. Am Schalter der Deutschen Botschaft sass ein Ghanaer, der kein Deutsch sprach. Wo bin ich hier gelandet? Natürlich bekam ich keinen Einlass, mit dem Verweis, dass der Termin erst am 8.9.

wäre. Also, ich als Deutscher Staatsbürger konnte nicht mal einfach so in meine Botschaft, das ist grass. Zumal mir ein Amerikaner sagte, sie müssten nur Ihren Pass zeigen und dürften in ihrer Botschaft ein- und ausgehen. Was sind wir Deutsche nur für Idioten, unsere Scheiss Bürokratie!

Ich beschwerte mich dann bei meinem Herrn in der Botschaft.

Dieser machte mich dann darauf aufmerksam, dass ich auch am 8.9. keinen Einlass bekam, da ja Rita den Antrag stellen muss, und nicht ich, arme Rita. Was für Schikanen hatten die noch zu bieten?

Also, ich schäme mich als Deutscher für diese Botschaft und deren Machenschaften.

Umzug in ein neues Hotel

Ich musste also abchecken, ob ich nach Hause fliegen soll, oder für uns beide ein neues, günstigeres Hotel suchen soll. Es kam geldmässig auf das Gleiche heraus, also ein billigeres Hotel. Die ganze Familie half mit. Und tatsächlich Maggi und Kennedy fanden eines in der Nähe ihres Dorfes. Das war fast halb so teuer wie das in Taifa. Sonntag, den 16.8.2015 war dann der Umzug nach Medie, Ashanti Region ganz im Norden von Greater Accra, ca. 35km vom Zentrum Accra entfernt. Ein schönes Hotel, namens Saforo, allerdings direkt an der Autobahn N6 Richtung Kumasi. Also ziemlich laut, aber sehr schön angelegt, mit Sitzplätzen draussen, überdacht mit Pavillondach. Dann eine offene Bar mit Sitzplätzen völlig überdacht und einem kleinen Restaurant in einem Pavillon, völlig zu. Eine reizende Hotelmanagerin, die hier alles organisiert, mit 3 Angestellten. Rita freundete sich sofort mit dieser an, was uns absolut zu Gute kam.

Denn es sollte sich herausstellen, dass das Restaurant nicht mehr in Betrieb war, und nur

Getränke ausgeschenkt wurden. Wo sollten wir nun essen? Aber es gab immer noch eine intakte Hotelküche, und siehe da, die attraktive Putzfrau war gelernte Köchin.

Rita kaufte die Zutaten in den Shophütten um das Hotel herum ein, die Putzfrau kochte es für uns. Und wenn sie nicht da war, kochte Rita. Später übernahm dann Rita die Küche. So unkompliziert kann es zugehen, aber das lernen wir Deutsche nicht mehr.

Also, rundum, alles bestens.

Ruhe und Erholung

Aber bevor ich diesen Abschnitt beschreibe, war da noch am 15.8. Ritas 35. Geburtstag. Ich fragte sie, was sie sich wünsche. Ich sollte etwas kaufen, was sie mir Wert wäre. Also fuhren wir in die Accra Mall, das grosse Einkaufscenter in Achimota, und Rita kaufte Schmuck ein. Zwei ketten, Ohrringe, ein Armband. Aber so wie sie halt ist, reiner Modeschmuck, echten Schmuck kennt sie nicht. Sie war happy, ich weniger Geld los als ich dachte. Also noch ein prächtiges Essen. Aber nicht mit Rita. Wir landeten dann wieder mal bei Chicken und Reis. Trotzdem war es ein gelungener Tag, und in mir reifte immer mehr der Entschluss, das war die Frau fürs Leben. Eine unglaubliche Harmonie herrscht zwischen uns beiden, kein einziger böser Ton, keine Unzufriedenheit, keine unterschiedliche Meinung. Einfach nur Liebe und Gemeinsamkeit.

Wir hatten die Ruhe gefunden, keine Taxifahrten mehr. Wir blieben fast immer im Hotel, zumeist unten im Freien, wo ich z.B. dieses Buch schrieb, wo wir das gute Wetter genossen.

Und so jeden zweiten Tag liefen wir zum Dorf von Maggi, wo mich jeder kennt und sich freut mich zu sehen.

„Welcome Germain" von allen Seiten. Die Kinder rennen mich beim Empfang fast um, und die beiden Töchter von Rita weichen nicht von meiner Seite. Und dann ist da noch eine besondere Freundschaft entstanden. Angela und Jessica, die beiden 15 und 14 Jahre alten Töchter von Maggi.

Die mögen mich sehr, die fallen mir in die Arme, erzählen mir ihre Geschichten von Schule und Alltag.

Fast jeden Tag kommen sie uns im Hotel besuchen. Ich muss etwas aufpassen, dass Rita nicht doch mal eifersüchtig wird, denn die beiden Mädchen sind sehr attraktiv. Angela ist die Schönere vom Gesicht her, grazil gebaut. Jessica, ist die wildere mit einer unglaublichen Sexy Figur.

Und sie singen und tanzen mir dann vor. Kennedy, der Mann von Maggi sieht mich auch schon als Kumpan und nimmt mich dann mit auf seine Streiftour, die dann in einer kleinen Hütte endet, in der sich eine Bar befindet. Da es nur Alkohol gibt, trinke ich nichts. Kennedy lässt sich dann von der kleinen Frau einen speziellen Ghanaischen Cognac mixen. Sie macht es absolut professionell. Und das für einen Cedit. Dann spielt er mit drei anderen Männern Dame im Freien, und ich schaue zu. Das ist hier schon normal, der Germain gehört dazu.

Dann ist irgendwann einmal das Essen fertig, das ja im Freien zubereitet wird, auf offenem Feuer. Aber mit all dem richtigen Geschirr, das wir auch kennen. Rita kauft mir vorher alle Zutaten ein, so dass ich nicht immer Ghanafood essen muss.

Dann zaubert sie mir unglaublich gute Spaghetti mit Chicken.

Angela schneidet das ganze Gemüse klein, 6 oder 7 verschiedene, das ergibt dann die Sauce und die Zutaten zu den Spaghetti. Meine Güte, schmeckt das fein. Ich habe halt wieder eine Extrawurst. Ich lasse immer etwas übrig, oder muss es bei der Menge, damit sich die Kinder darauf stürzen können.

In der einen oder anderen Situation merke ich doch immer wieder, dass die doch ganz schön Hunger haben. Viel bekommen sie nicht. Das tut mir dann schon gehörig weh. Wir bringen jedes Mal was mit.

Kekse, Bisquits, u.s.w., werden mit Geschrei entgegen genommen. Und doch muss ich feststellen, dass immer ehrlich geteilt wird. Und die beiden Aelteren, die sich sowieso um ihre Geschwister kümmern, verzichten manchmal zu deren Gunsten, genauso wie die 9 Jährige Vera, Tochter von Rita.

Ich liebe diese 3 Mädchen. Und dann war doch tatsächlich der Ball kaputt. Der kleine 3 Jährige Kennedy war sehr traurig. Ich hatte ihm den Namen „the Profi Footballer" gegeben, da er immer den Ball bei sich hatte und schon sehr gut mit ihm umgehen konnte. Ich kaufte einen neuen Ball. Mein Gott war das ein Geschrei, und jeder der 9 Kinder bedankte sich persönlich bei mir. Diesen Kindern konnte man noch Freude machen. Da macht es richtig Spass, was mit zu bringen.

Abends dann, laufen wir ins Hotel, trinken zumeist noch draussen ein Bierschorle, genannt Schandy.

Wenn nur nicht die vielen Moskitos wären.

So vergingen die Tage, voller Ruhe und Harmonie.

Der Hoteleigentümer kam dann aus Köln zurück und begrüsste mich in hervorragendem Deutsch. Jetzt habe ich sogar noch jemand mit dem ich Deutsch reden kann.

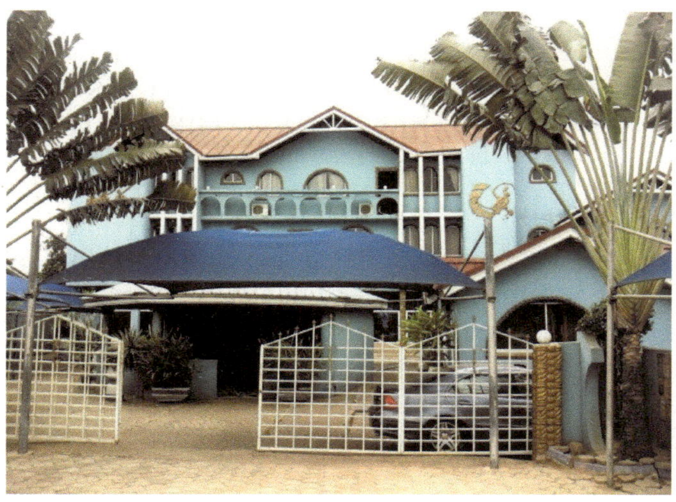

Hotel Saforo

Rita und das Malaria-Fieber

Dass Rita den Malaria- Erreger in sich trägt, weiss ich schon länger. Aber gestern, den 25.8. 2015 wurde ich zum ersten mal damit konfrontiert. So gegen 16.00 Uhr. Sie lag im Bett, völlig zugedeckt, und frierte dermassen, dass es mir Angst machte. Ich legte mich zu ihr um sie zu wärmen.

Also schlug ich die Decke auf und kroch zu ihr. Ich bekam einen Schock. Die Frau war so heiss, das mir nach ein paar Sekunden flüssiger Schweiss herunterlief. Der Körper war heiss, das Gesicht kalt.

Was war denn das.

Sie sagte, das sei ein Malariaanfall, und der wurde immer schlimmer. Da wir auf der anderen Seite der Autobahn ein kleines Hospital hatten, schleppte ich sie dorthin. Sie bekam Spritzen, und nach 4 Stunden durfte sie wieder mit mir mit, aber derart geschwächt. 7 Kartons mit Tabletten .Wir schafften es ins Hotel, ich legte sie ins Bett, wo sie jetzt gerade noch um 1.00 Uhr mittags noch arg geschwächt liegt. Aber es wird langsam besser. Aber was mir in dem Krankenhaus auffiel, war, dass hätte ich nicht Geld dabei gehabt, und alles in bar bezahlt hätte, sie nicht behandelt worden wäre. Was für eine Philosophie. Hast du Geld, bekommst du Behandlung, hast du keines, Pech gehabt. Jetzt warten wir auf Besserung.   **That is Africa!**

Und ich habe mich im Schreiben des Buches eingeholt. Ich bin in der Gegenwart gelandet. Wir werden sehen, was da noch alles kommt.

Wir schreiben Donnerstag, den 10.09.2015. 2 Wochen sind wieder vergangen, ich habe einiges zu erzählen.

Ausflug in die Berge

Da wir Ende August hatten, rückte der Botschaftstermin immer näher. Jeder war nervös, ausser mir, und machte uns mehr und mehr verrückt. Der Hotelbesitzer Emanuel meinte es gut, brachte laufend Leute daher, die schon mal ein Visum beantragt haben, und wir hatten fast täglich eine Sitzung. Aber am schlimmsten war Ritas Vater, der fand überhaupt keine Ruhe, der war sowas von nervös.

Emanuel, der Hotelbesitzer gab mir den guten Rat, einen Ausflug in die Berge zu machen. Das erzählte ich dann Rita während des Frühstücks, sie war damit einverstanden. Ich sagte, dann machen wir morgen einen Ausflug. Darauf sagte sie mir, ich solle mich fertig machen, wir würden einkaufen gehen. Wir stiegen in einen Bus, der aber nicht Richtung Accra, sondern Richtung Kumasi fuhr. Aha, dachte ich, sie hat ein neues Einkaufscenter ausgekundschaftet. Die Fahrt ging durch eine wunderschöne Gegend in Richtung Kumasi, und urplötzlich waren wir in den Bergen, in der schönen grossen Stadt Kwasam, mit Läden wie in Accra. Wieder mal hatten wir uns nicht verstanden, und machten nun heute schon den Ausflug, also dann. Zuerst wollten wir unseren Hunger stillen, jedoch mit einer anderen Mahlzeit als Ghana Food. So fragten wir einen Taxifahrer und der fuhr uns dann zum Restaurant. Unterwegs meinte er, ob wir nicht auf den Ausflugsberg wollten, da kenne er auch ein gutes Restaurant. Für 50 Cedits fahre er uns hin. Wir waren einverstanden. Dann begann das Abenteuer. Strasse konnte man den Weg nicht nennen, dafür aber wurden wir mit einer Fauna belohnt, wahnsinnig.

Wir fuhren doch zeitweise durch den Dschungel, was für schöne Bäume und Pflanzen. Das Gras war höher als wir. Und dann kam immer wieder ein Village, aus Lehm gebaute Hütten, aber in traumhafter Landschaft. Alle winkten uns. Dann hielten wir an, bei Kokosnussarbeiter. Für wenig Geld kaufte Rita für uns frisch gepflückte Kokusnuss, die randvoll gefüllt waren und köstlich schmeckten. Wir fuhren an Gewässer vorbei, die die Strasse fast schon bedeckten. Und immer wieder Kinder, die die Strasse mit Steinen und Gras befestigten. Rita gab denen etwas Geld zur Belohnung. Es ging langsam aber stetig bergauf, und nach einer Stunde Fahrt waren wir da. Hoppla, wo waren wir denn hier, das kam mir so bekannt vor. Ach ja, in St. Moritz. Nein in Abri, wunderschön am Berg gelegen.

Dort gab es einen Botanischen Garten, mit wunderschönem Restaurant. Dort fuhr er uns hin. Ich war gerade dabei, mich zu Tode zu ärgern, hatte ich doch mein Handy vergessen, und konnte keine Bilder machen. Aber mit ihrem bezaubernden Lächeln, und der Bemerkung, macht doch nichts, take it easy hat mich Rita gleich wieder voll und ganz beruhigt. Das kann sie absolut perfekt, sie kann mich ruckzuck beruhigen. Das Essen war dann doch nicht das, was wir uns vorgestellt hatten, alles wieder Ghana Food. Rita bekam dann wieder ihren geliebten Fisch, den Selapia. Und ich, musste wieder Chicken mit Reis essen. Aber immerhin bekam ich hier einen Kaffee danach, und die exotischen Bäume entschädigten für alles. Wir blieben dann 3 Stunden auf dem Berg, in unglaublicher reinen Luft und sehr angenehmer Temperatur, gingen spazieren, sassen gemütlich auf einer Bank oder sahen in die Ferne. Weit hinten sahen wir Accra und das Meer.

Dann wollten wir wieder Richtung nach Hause. Ein Taxifahrer wollte 60 Cedits, das Rita natürlich ablehnte und wir dann mit dem Kleinbus fuhren. Meine Beine hatten überhaupt keinen Platz. Der Fahrer hatte wohl den Beruf als Rennfahrer nebenbei, der fuhr wie eine gesenkte S.. Ich dachte nicht, dass wir heil runterkommen, der sauste den Berg hinunter auf dieser wahnsinnigen Sandstrasse, verrückt. Mitfahrer sagten, he is gracy. Durch die kleinen Ortschaften raste er wie ein Beserker, Gott sei Dank, lief ihm niemand über den Weg, der hätte keine Chance gehabt. Dass das Auto hielt, und nicht auseinander fiel, war ein Wunder.

Und dennoch kamen wir heil unten an. Also für mich war das Abenteuer pur.

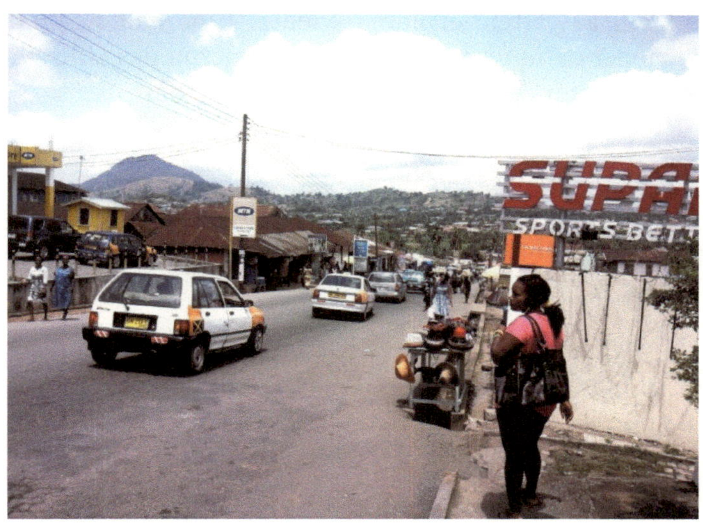

Natürlich musste ich auch **das Meer** sehen. So fuhren wir an einem Samstag mit Ritas Bruder und dem Taxidriver zur Beach. Man sollte es nicht glauben, was da los war, obwohl man angeblich nicht baden konnte, da das Wasser zu dieser Jahreszeit zu kalt war. Musik, Tanz, Geschäfte, Bars und Restaurants wo man hinschaute.

Die Leute flanierten hier hin und her. Meterhohe Wellen, der Himmel absolut blau. Wir sassen auf Liegestühlen und tranken Cola. Da kam ein Händler zu mir und bot mir ein sehr schönes afrikanisches Bild aus Stoff an. Es gefiel mir sofort, er wollte 20 Cedit. Das fand ich sehr günstig. Ich zückte meine Geldbörse und wollte bezahlen. Aber ich durfte nicht, denn meine 3 Begleiter meinten, das wäre Abzocke. Sie meinten mehr als 5 Cedit wäre das Bild nicht wert. Der Händler jammerte, und jammerte und ging dann. Ich sagte zu meinen Begleitern, Dank ihnen hätte ich nun kein Bild. Sie meinten, abwarten, er käme wieder. Eine halbe Stund später war er wieder da iund verkaufte mir jammernd das Bild für 5 Cedit, so geht das hier. Wir blieben ca. 3 Stunden dort.

Gang zur Methodistenkirche

Am Mittwoch war dann die Kirche in Medina. Ich hatte Rita versprochen, mit zu gehen. Dabei waren Ritas Vater, ein Bruder und wir beide. Rita und ich kamen zu spät, wir hatten die weiteste Anreise.

Die Kirche von aussen war schon riesig, und sah auch wie eine Kirche ohne Turm aus. Aber innen, ich traute meinen Augen nicht. Die Tiengener Stadthalle mal 4. Es waren schätzungsweise mindestens 4000 Besucher darin.

Und vorne am Mikrophon der absolute Superstar, Prophet Bischof Obinem, ein Mann so Mitte 30. Superstar im TV, Wunderheiler und Prediger. Und da wir zu spät kamen, war unser Platz weg, und nette Herren in seidenen Anzügen machten für uns Platz direkt neben der Bühne, in Reichweite des Bischofs. Und ich hatte das Privileg, als willkommener Weisser ganz vorne zu sitzen. So ganz geheuer kam mir das nicht vor, denn tausende Zuschauer sahen auf mich, und der Kameramann vom TV stand auch noch neben mir. Dann ging das Spektakel los. So laut,

dass mir sofort die Ohren klingelten und zu gingen. Ich sah eine 3 stündige Darbietung, wie in einem Zirkus. Gesang, Tanz und Gebet. Ich machte so gut es ging mit, der Bischof forderte mich mit seinen Blicken dazu auf. Leute fielen in Ohnmacht, mussten mit dem Bischof beten. Welche wurden von ihrem Leiden befreit, konnten wieder richtig gehen, u.s.w. Eine Show, das kann nicht mal Hollywood. Und ich war permanent live im TV zu

sehen. Und dann war Schluss. Der Bischof sass dann oben auf der Riesenbühne vor dem Bild von Jesus und gab Audienzen. Die musste man vorher anmelden, es waren 200 Personen, darunter auch Rita. Sie wollte von ihm den Segen für das Botschaftsgespräch.

Ich möchte nur eines sagen. Einmal und nie wieder, das ist nichts für Europäer.

Ich respektiere jedoch alle Religionen, und hoffe, dass andere das gleiche mit meiner Religion tun.

Für Rita war natürlich ein Traum in Erfüllung gegangen, sie hatte ihren Superstar gesehen.

Die Deutsche Botschaft Kapitel 2

Es war soweit, der 8.9. war da. Früh morgens um 5.00Uhr fuhren wir los, dass wir ja um 7.30 Uhr da sind. Wir, dass waren Rita, ihr Vater, ihr Bruder, Taxidriver und ich. Ich hatte alle Unterlagen gerichtet und die gewünschten Kopien gemacht. Eine Strategie für

Rita hatten wir ja festgelegt. Wir hatten dafür mindestens 5 Sitzungen, und meine Strategie wurde dann für gut befunden. Für was also das ganze Geschrei und Gepoltere. Alles, was sie erreicht hatten mit ihren Sitzungen war, dass Rita total nervös wurde und ich sie versuchte zu beruhigen. Wir sassen also dann mit 30 – 40 Bewerbern vor der Botschaft unter Dach, und der Name wurde aufgerufen. Dann wurden die Dokumente durchgeschaut, ob sie auch vollständig sind. Bei denen etwas fehlte, die konnten gerade wieder gehen. Wir hatten alles. Dann wurde mir klar gemacht, dass ich draussen bleiben musste, Rita wurde abgescannt, und durfte rein. In der Zwischenzeit sprach ich mit einer Deutschen vom Bodensee, die mir Geschichten von dieser Botschaft erzählte, dass mir die Haare zu Berge standen. Sie hatte einen Ghanaer geheiratet, und der wartet seit 1,5 Jahren auf ein Einreisevisum nach Deutschland. Die da drin wären die stursten Leute, die sie je gesehen hätte, und lebten im Deutschland vor 20 Jahren. Die hätten nicht mitgekriegt, dass unser Land offener und lockerer geworden ist. Ich dachte nur, das wars dann wohl. Doch dann kam Rita ganz entspannt heraus, und teilte uns lachend mit, dass das Gespräch mit einer Frau sehr locker gewesen wäre, und sie ein gutes Gefühl hätte. Nun, nächsten Dienstag wissen wir mehr. Aber die sture Deutsche Bürokratie gibt es wohl immer noch.

Besuch der Schule in Medie

Am Mittwoch, den 9.9.2015, ich war noch in meinem Schlafdress, klopfte es und Maggi stand vor der Türe. Rita meinte,ich solle mich schnell anziehen, wir werden die Kinder in der Schule besuchen.

So gingen wir hier in Medie in die Schule, die vor zwei Tagen wieder begann, die 3 Monate Schulferien waren rum, ja richtig gehört, 3 Monate. Zusätzlich gibt es nochmals einen Monat Ferien im Dezember.

Die Woche hat 4 Schultage, von 8.00 Uhr bis 16.00 Uhr.

Natürlich als Deutscher denkt man, jetzt kommt man an ein grosses Gebäude, falsch gedacht.

That is Africa. Eine lange Mauer aussenrum, vor dem Eingang so einen kleinen offenen Laden, speziell mit Essen für Kinder. Kommt man rein, dann befindet sich ein kleiner dunkler Raum, wohl das Sekretariat. Davor im Freien eine sehr gut angezogene attraktive Frau. Vor ihr ein Berg mit Schulheften und andere Accesoires, die Sekretärin. Hinter der grossen Eingangstüre befand sich im Freien eine Schulklasse, alle im einheitlichen Schullook, die eine Arbeit schrieb. Wer winkt mir denn da? Es war Angela, hier war also die Abschlussklasse. Gegenüber der Sekretärin sass dann der Schulleiter, den Stundenplan schreibend. Der begrüsste uns, und wir setzten uns zu ihm. Die beiden Mütter sprachen heftig auf ihn ein. Zum Innenplatz der Schule hin gingen rechts und links lange Gemauerte Wände, mit jeweils 3 Löchern, das waren die Türe und 2 Fenster, natürlich offen, ohne Glas und Rahmen.

Die Räume waren abgetrennt, das waren die Schulklassen. So 5 auf 5m gross.

Alte Schulbänke und vorne eine grosse Wandtafel mit dem Lehrer davor. Wir durften natürlich überall herein, und ich Fotos machen. So trafen wir nach und nach alle Kinder der Familie.

Nach ca. einer Stunde gingen wir dann wieder. Ich war wieder um eine Erfahrung reicher. Alles primitiv, jedoch bestens organisiert. So auch wie mein nächstes Thema.

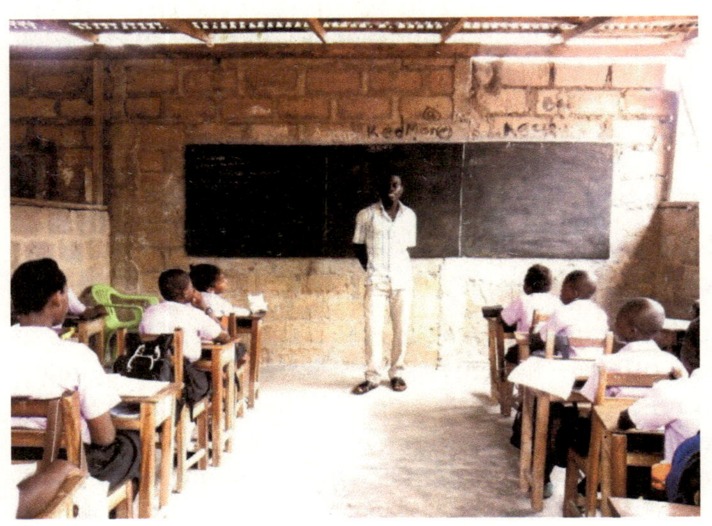

Das Verkehrswesen in Ghana

Jetzt komme ich zu einem Thema, das völlig anders ist als wir in
Europa kennen, das Verkehrswesen.

Als erstes gilt: wer am meisten Mut besitzt, der hat Vorfahrt. Jetzt komme ich, ist da etwa jemand?

Dieses Motto erlebe ich fast täglich mit. Es wird einfach drauf los gefahren, ohne Rücksicht auf Verluste. Da kommt es natürlich zu brenzligen Situationen, aber einer gibt dann halt doch nach. Es geht hier wirklich um Zentimeter, sie berühren sich zeitweise. Ein Beispiel: ein absolut voller Kreisverkehr, kein Platz mehr. Trotzdem fährt jeder in den Kreisverkehr ohne zu bremsen rein und findet doch noch einen Platz, das ist der Wahnsinn. Das alles mit Gehupe und gegenseitigem Anschreien, aber es funktioniert. Die können tatsächlich so präzise fahren, vor allen Dingen die Taxifahrer. Die fahren auch wenn es sein muss durch eine Tankstelle ,oder auf dem Seitenstreifen,

um zu überholen. Die können also wirklich Auto fahren, mein Respekt. Und hier in Accra gibt es davon tausende. Mehr Taxi als andere Autos, aber dafür unglaublich billig, so ein Cedit für einen bis zwei Kilometer. Allerdings sollte man wissen, was für ein grösseres Gebäude in der Nähe ist, denn die kennen keine Strassennamen.

Ein öffentliches Verkehrssystem gibt es hier nicht. Weder Züge noch Busse.

Es gibt allerdings noch die Kleintransporter, die zu Bussen umgebaut wurden, und man darin eingepfercht wird. Die sind dann noch viel mehr günstiger. Und man stellt sich einfach an den Strassenrand und winkt, entweder einem Taxi oder einem Bus, schon hält einer.

Mehr als 2 Minuten muss man nie warten. Die halten dann auch dort, wo du willst.

Wie man weiss, wo der hinfährt? Ganz einfach: Die Seitentüre ist auf, der Geldeintreiber hängt nach draussen und schreit: z.B. Medie, medie, medie, und du weist wohin er fährt.

Man kann es fast nicht glauben, es funktioniert.

Die Strassen sind von katastrophal bis sehr gut, der Sand macht alles kaputt. Unser Hotel liegt direkt an der Nationalstrasse N6.

Obwohl die Autos hier sehr schnell fahren, muss man um auf die anderen Seite zu den anderen Shops zu gelangen, diese einfach überqueren. Die Autos machen hupend auf sich aufmerksam, das ist hier normal. Auch die Schulkinder überqueren diese täglich.

Für uns alles ein grosses Durcheinander, aber es funktioniert, nicht zu glauben.

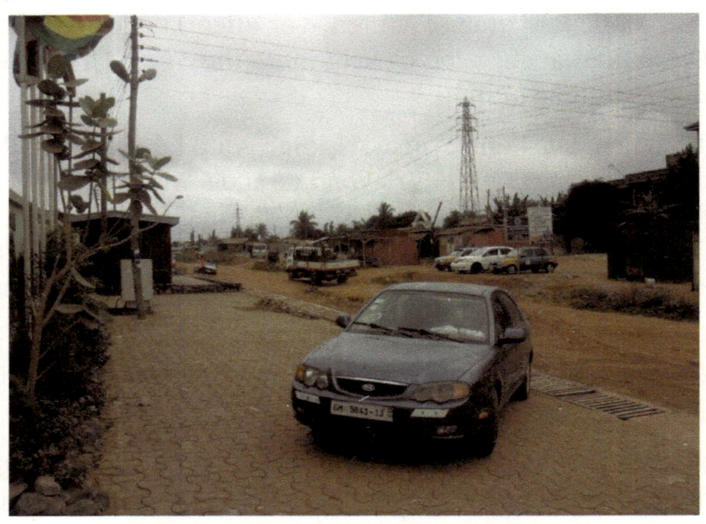

Der Tag, der uns alles verdarb

Es war der 15.09.2015, ein Tag, den wir nicht so leicht vergessen werden. Wir fuhren zur Deutschen Botschaft, und Rita wurde das Visum abgelehnt. Drei Ablehnungsgründe: 1. Wir konnten nicht nachweisen, dass das Unternehmen Deutschland finanziert werden kann. Da ich zusätzlich zu dem Wohnsitz in Deutschland seit 10 Jahren einen Wohnsitz in der Schweiz hatte, und auch dort arbeitete, konnten keine Daten über mich in Deutschland gefunden werden, da ich die Steuern in der Schweiz bezahlen musste, und mein Konto in der Schweiz habe. Ein schwerer Fehler von mir.

Rita hatte meine Kontounterlagen in der Botschaft dabei, und vergessen, die zu zeigen. Wir hätten diese zusammen mit dem Antrag abgeben sollen. Eine Ghanaerin, die das alles schon miterlebte, sagte mir dann, dass ich hier an Ort und Stelle einen schriftlichen Einspruch eingeben könnte. Das Tat ich dann auch, und zufällig war dann am Schalter tatsächlich eine junge Deutsche, die mir sagte,

ich bräuchte auch eine Vollmacht von Rita, den Einspruch geltend zu machen. Das taten wir dann auch. Ich fragte meine Landsfrau, wie lang das nun wieder dauert. Sie meinte, der Einspruch ginge zu ihrem Chef der Visaabteilung, und der würde sich dann mit mir schriftlich oder über E-Mail in Verbindung setzen. Das könnte mindestens 3 Wochen dauern, bis zu 3 Monate. Langsam hasse ich diese lahmen Deutschen, und schäme mich ein solcher zu sein.

Wir waren alle geschockt. Bei der Heimfahrt beobachtete ich Rita, wie sie dauernd ihren Kopf schüttelte, sie konnte es nicht kapieren. Im Hotel dann fielen wir uns weinend in die Arme, wir konnten es einfach nicht fassen. Und übermorgen musste ich fliegen, ob ich wollte oder nicht.

Ich musste zu Hause einiges in Ordnung bringen, die Woche darauf wieder arbeiten gehen, denn ich hatte mein ganzes Geld auf dem deutschen Bankkonto geplündert, und brauchte mal wieder Einnahmen. Und Zugriff auf mein Schweizer Konto. Also musste ich Rita hier zurücklassen. So eine verdammte Sch…. Zwei Menschen, die sich so sehr lieben, und immer noch nicht zusammen kommen können, was für ein Drama.

Die nächsten zwei Tage suchten wir ein zu Hause für Rita, und fanden es auch. Denn ich kann erst in 5-6 Wochen wieder hier in Ghana sein, und hoffe, mein Einspruch hat Erfolg, und sie bekommt das Visum. Unsere Gefühle waren mal oben, mal unten, aber richtige Freude konnte nicht mehr aufkommen. Rita flehte immer wieder: i waits of you, you my husband. I have 6 Year no Man, i can wait. Und ich versicherte immer, ich komme wieder, du bist meine Frau fürs Leben.

Leider hat so eine bescheuerte Deutsche Bürokratie was dagegen.

Heute ist der 18. 9.2015, meine Abreise. Das wird ein Abschied, traurig ,traurig.

Aber spätestens Anfang November bin ich wieder da.

Trotz, allem, es waren drei wunderbare Monate hier, mit meiner Frau, einem unglaublich guten Menschen, es hat sich auf jedem Fall gelohnt, ich liebe diese Frau, und sie liebt mich. Wir beschlossen, wenn ich wieder komme, zu heiraten.

So flog ich wieder zurück nach Deutschland. Dort hatte ich ganz schön Probleme, mich wieder zu Recht zu finden, und fühlte mich sehr alleine zu Hause. Wir telefonierten zwar zweimal täglich,

aber wir fühlten uns einsam. Ich musste einiges hier zu Hause organisieren, ich war doch sehr lange weg.

Die Visa Lüge

Ritas Bruder teilte mir mit, dass er einen Mann kennen gelernt hätte, der eine Connection hatte, die uns für 5000.-Euro ein Visum besorgen könnte. Ich war einverstanden. Am 2.11.15 flog ich wieder nach Ghana. Wir zogen in das Hotel in Medie, das Rita besorgt hatte. War das schön, sie wieder zu haben. Als wir in Maggis Dorf kamen war die Hölle los. Ich war zu Hause, alle freuten sich.

Ich lernte dann auch noch eine Schwester kennen, die in Libanon lebte und nun zurück gekehrt war, weil sie sich scheiden liess. Ihr Name ist Selina und sie sieht sehr gut aus.

Am 3.11. fuhren wir zum Standesamt, dass sich weit ausserhalb von Accra befand, und meldeten unsere Hochzeit auf den 9.11.15 an. Ja, wir wollten heiraten.

Hochzeit in Afrika

Rita organisierte die kirchliche Hochzeit, die bei Maggi stattfinden sollte. Am Freitag fuhr ich dann mit Rita und Maggi nach Kwasam in den Bergen. Dort kauften wir dann Essen und Getränke. Die beiden Frauen trugen alles auf dem Kopf.

Dann kam der Samstag, den 7.11. Die Frauen waren am Hochzeitsessen richten und Selina schneiderte das Hochzeitskleid, sie war gelernte Schneiderin.

Es kamen immer mehr Gäste, die meisten kannte ich. Auch der Pastor mit seiner Frau waren da. Er sollte uns trauen. In der Bauruine gegenüber Maggies Haus wurde das Wohnzimmer als Kirche umgebaut. Woher kamen nur die vielen Bänke? Auch ein Fotograf war da, Rita ist und bleibt die Organisationskönigin. Dann wurden wir getraut. Es war sehr romantisch.

Danach wurde gegessen und gefeiert. Am Nachmittag gingen wir zusammen zum Schulfest, wo einige der Kinder auch mitmachten an Vorführungen. Es war sehr schön.

Am Sonntag feierten wir weiter, am Montag fuhren wir zum Standesamt und liessen uns trauen.

Nun waren wir ein Ehepaar, ich war wieder verheiratet.

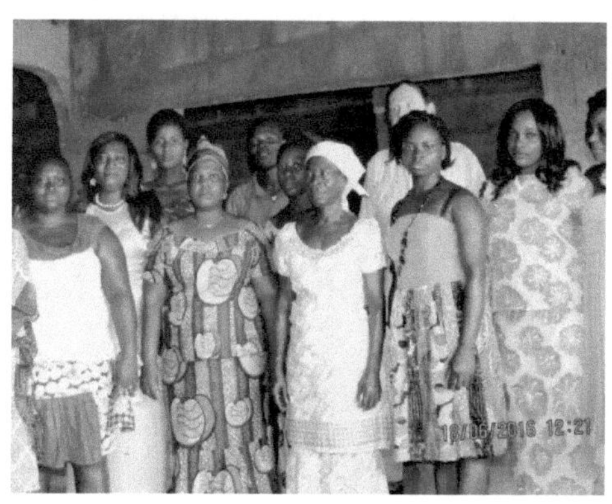

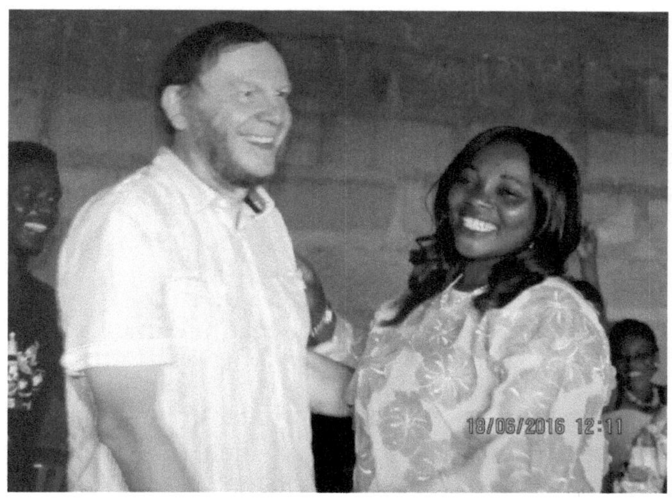

Am Tag nach der Hochzeit fuhren wir nach Madina zu dem Connection-Mann, der ein Reisebüro hatte. Er zeigte mir den Reisepass von Rita mit dem eingeschweissten Visum. Es war perfekt.

Er gab uns den Pass noch nicht, da er ihn in der Migrationskontrolle im Flughafen auf seine Echtheit prüfen wollte.

Also kamen wir am darauffolgenden Tag wieder in sein Büro. Er meinte, das Visum hätte den Test nicht bestanden. Beim Scannen würde eine andere Person auf dem PC angezeigt.

Also wurde ein älteres Visum überschrieben, eine Fälschung. Man wollte uns übers Ohr hauen.

Er meinte jedoch, das wäre kein Problem, er hätte einen Kontaktmann bei der Immigration.

Ich buchte dann auf kommenden Samstag zwei Tickets. Er liess mich dann wissen, dass ich den Flug wieder stornieren könnte, da ich KLM buchte, und die das Visum scannen würden. Jedoch IBERIA und TAP hätten keine Scanner. Also buchte ich TAP. Am anderen Tag teilte er uns mit, dass ginge auch nicht, sein Mann wäre abgesprungen. Dann erzählte er uns, er ladet uns nach Mauritius ein. Dort könnte er für Rita einen Pass machen lassen. Als Bürger dieser Insel braucht man kein Visa für Deutschland.

Wir sagten zu, und fuhren dann zum Flughafen und liessen ihn von der Polizei verhaften, er war einfach nur ein Betrüger.

So musste ich wieder alleine nach Hause fliegen und meine Frau zurücklassen.

Ich versprach ihr aber, dass ich im Januar wieder komme, jedoch sollte ich diese Versprechen nicht einlösen können.

Malaria, eine Afrikanische Krankheit

Ich flog am 2.12.15 wieder zurück nach Deutschland, um meine Finanzen in Ordnung zu bringen.

Am 16.12. fand mich wie ein Wunder meine Mutter bewusstlos in meiner Wohnung. Sie wollte mich besuchen. Ich musste sofort ins Krankenhaus. Noch mitten in der Nacht brachte man mich dann in die Universitätsklinik nach Freiburg. Die blöden Stechmücken hatten es geschafft. Ich hatte ine Malaria Tropica, die schlimmste Art von Malaria. Die Parasiten waren in meinem Blut, ich hatte Nierenversagen, Herzprobleme und war nicht mehr zurechnungsfähig. Die Krankheit wollte mich auslöschen. 10 Tage kämpften die Aerzte um mich, dann war ich wieder einigermassen da.

Ich musste dann bis zum 16.1.16 dort bleiben. In den ersten 10Tagen hatte ich natürlich kein Kontakt mehr mit meiner Frau. Sie hatte sehr viel Angst. Dann rief meine Tochter bei ihr an, und teilte ihr meine Krankheit mit.

Nun bin ich wieder zu Hause, und darf vor März nicht nach Ghana fliegen, stehe auch unter Kontrolle.

Aber Rita und ihr Vater haben in der Zwischenzeit ein Visum bei der Schweizer Botschaft beantragt.

Sie sind der Meinung, in den nächsten 2 Wochen käme sie zu mir. Das wäre Grossartig, ich glaube allerdings nicht daran. Wir schreiben den 14.2.2016.

Ich hoffe, dass wir es irgendwann schaffen, Rita nach Deutschland zu bringen.

Ich werde in einem weiteren Buch schreiben, wie es weiter ging. Ende

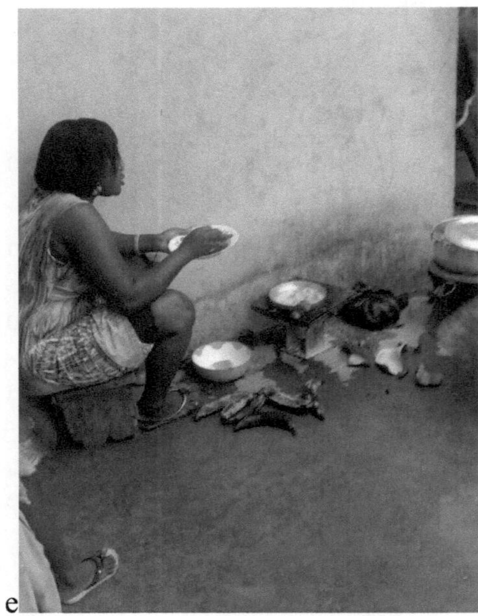

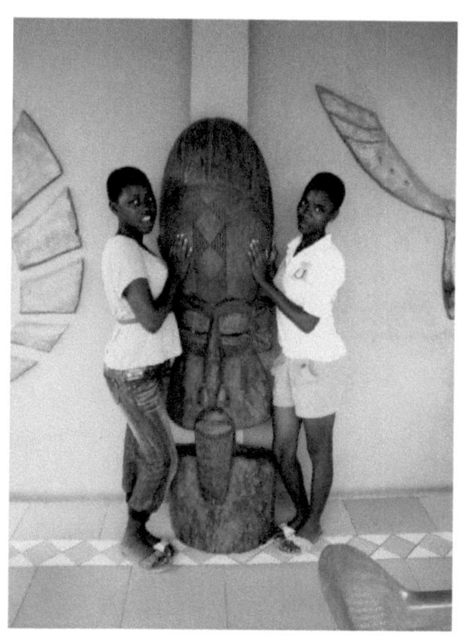